THIS BOOK BELONGS TO

moses. Verlag GmbH
Arnoldstraße 13d
47906 Kempen
Fon 0 21 52 - 20 98 50
Fax 0 21 52 - 20 98 60
Mail info@moses-verlag.de
www.moses-verlag.de

Happy me Geschenkbuch
Seitenweise Glück
978-3-89777-865-8

Layout, Titelgestaltung,
Typographie und Satz: Stephanie Dünhölter
Illustrationen: Lydia Keßner
Texte: Silke Brandes
Fotos: S. 18 - Gräfin. / photocase.de
Produktmanagement: Clarissa Flender
Herstellung: Hildegard Weckmann
Printed in Europe

FSC
www.fsc.org
MIX
Papier aus verantwortungsvollen Quellen
FSC® C002795

SEITENWEISE

Glück

moses.

GLÜCK IST ... EIN EIMER FARBE.

Er macht das Leben bunter.

Hooray
- FOR -
TODAY

glück

willst du glücklich sein,

dann sei es!

HAPP

NESS

— is here to stay —

Süß

macht

glücklich!

SAMMLE DOCH MAL WEINGUMMI – IN DEINEM BAUCH.

WAS FÜR EIN GLÜCK,
DASS **SPINNEN**
NICHT FLIEGEN KÖNNEN.

GLÜCKSREZEPT:

FLY WITH THE WIND.

UND SETZ DICH AN WINDSTILLEN TAGEN EINFACH AUF EINE WIESE.

NIMM DIR ZEIT,
GLÜCKLICH
ZU SEIN.

glück

Glück VERKÜRZT das ZEITGEFÜHL

Heute ist dein Glückstag!

Morgen auch.

Und übermorgen.

Und überübermorgen.

Und überhaupt.

GLÜCK VERDOPPELT SICH,
WENN MAN ES TEILT.

GLÜCKLICH IST,
WER VERGISST,
WAS NICHT MEHR
ZU ÄNDERN IST.

GLÜCK IM UNGLÜCK

ist doch auch schon mal was.

Welch ein
GLÜCKSFALL
DICH
zu kennen.

GLÜCK IST …

IN FUNKELNDE STERNE
ZU SCHAUEN

Glück ist

Spaghettieis.

GLÜCK IST…

PURZELBÄUME
AUF EINER WIESE
ZU SCHLAGEN.

GLÜCK IST ...

EIN EINHORN ZU TREFFEN.

ODER AUCH ZWEI.

FIND SOMETHING YOU WOULD DIE FOR

WHY NOT LIVE FOR IT!

Das

LEBEN

ist wie ein

Glückskeks.

Jeder Tag schmeckt anders.

GLÜCK IST …

EIN GLÜHWÜRMCHEN
ZU ENTDECKEN.

Glück ist…

UM DIE ECKE ZU BIEGEN
UND DAS MEER ZU SEHEN.

HAPPY me

Diese und weitere Artikel aus der Reihe Happy Me sind erhältlich im gut sortierten Handel oder unter: www.moses-verlag.de

Happy Me - das Buch
Silke Brandes:
Happy me –
Glücklichmacher für den Alltag.
Mit Illustrationen von
Lydia Keßner
162 Seiten mit 16 Postkarten
und 80 Stickern.
978-3-89777-833-7
€ 14,95 (D), € 15,40 (A)

Eine Inspirationsquelle
zum Durchblättern, Schmunzeln
und Weitergeben.

Magnet Stil

Magnet Enjoy

Magnet YOLO

moses.